Andrea Holzer-Rhomberg

AF138106

WEIHNACHTEN
MIT MEINER
VIOLINE

fiedel Max

32 WEIHNACHTSLIEDER
AUS VERSCHIEDENEN LÄNDERN FÜR 1-2 VIOLINEN

Violine-easy-Stimme
zum kostenlosen
Download

Impressum

© 2014 by Musikverlag Holzschuh, Manching
VHR 3857 / ISMN 979-0-2013-0911-8 / ISBN 978-3-86434-042-0

Notensatz: Regina Krauß, Speyer
Umschlag: Gerhard Illig, Schwaig bei Nürnberg

www.holzschuh-verlag.de
www.fiedel-max.de

Vorwort

Weihnachten ist rund um die Welt eine Zeit des gemeinsamen Singens und Musizierens. Unsere altbekannten Weihnachtslieder mit ihrem vertrauten Charme zaubern immer wieder eine heimelige Stimmung in unsere Stuben. Dieses gemeinsame Singen und Musizieren, vielleicht sogar mit köstlichem Duft frischer Weihnachtsbäckerei in der Luft, beschert uns viele freudige und unvergessliche Momente im Kreise unserer Lieben.

Die vorliegende Sammlung enthält ein wohlklingendes Angebot an zweistimmigen Sätzen bekannter Weihnachtslieder aus verschiedenen Ländern. Um auch das Spiel in unterschiedlichen kammermusikalischen Besetzungen, wie z. B. Klaviertrio oder Duo für Violine und Viola, zu ermöglichen, sind folgende Ausgaben erhältlich:

- Weihnachtslieder für 1-2 Violinen (wahlweise mit Audio)
- Weihnachtslieder für 1-2 Violen (wahlweise mit Audio)
- Weihnachtslieder für 1-2 Violoncelli (wahlweise mit Audio)
- Weihnachtslieder Klavierbegleitung

Die Wiederholungszeichen im Notentext beziehen sich auf die Arrangements der Klavierbegleitung bzw. der Aufnahmen.

Zusätzlich stehen Easy-Stimmen für Violine, Viola und Violoncello unter www.holzschuh-verlag.de zum kostenfreien Download bereit.

Alle Weihnachtsausgaben sind kompatibel und daher individuell miteinander kombinierbar. Die ersten Lieder können in der 1. Griffart der 1. Lage gespielt werden und sind somit auch für Anfänger gut geeignet. Bei den weiteren Liedern steigen nach und nach die Anforderungen an die Spieler und ermöglichen so eine lang anhaltende Spielfreude. Unter der 2. Stimme sind jeweils die Begleitakkorde angegeben, die ein gemeinsames Musizieren mit Begleitinstrumenten wie Gitarre, Klavier oder Akkordeon ermöglichen.

Ich wünsche eine schöne Weihnachtszeit mit viel Freude beim gemeinsamen Singen und Musizieren.

Andrea Holzer-Rhomberg

Inhalt

Lasst uns froh und munter sein

aus dem Hunsrück

Lasst uns froh_ und_ mun-ter sein und uns recht_ von_ Her-zen freun!

D *)   A

Lus - tig, lus - tig, tra - le - ra - le - ra! Bald ist Ni - ko - laus -

D A D A D

a - bend da, bald ist Ni - ko - laus - a - bend da!

D A D   A D

2. Dann stell ich den Teller auf,
   Nik'laus legt gewiss was drauf.
   Lustig, lustig, traleralera!
   Bald ist Nikolausabend da,
   bald ist Nikolausabend da!

3. Wenn ich schlaf, dann träume ich,
   jetzt bringt Nik'laus was für mich.
   Lustig, lustig, traleralera!
   Bald ist Nikolausabend da,
   bald ist Nikolausabend da!

*) Die Akkordsymbole sind für Begleitinstrumente wie Gitarre, Klavier oder Akkordeon.

Alle Jahre wieder

Text: Wilhelm Hey
Melodie: Friedrich Silcher

Al - le Jah - re wie - der kommt das Chris - tus - kind

D A D A D A D A

auf die Er - de nie - der, wo wir Men - schen sind.

D G D G D Hm Em A D

2. Kehrt mit seinem Segen ein in jedes Haus,
   geht auf allen Wegen mit uns ein und aus.

3. Geht auch mir zur Seite, still und unerkannt,
   dass es treu mich leite an der lieben Hand.

Schneeflöckchen, Weißröckchen

Text: um 1900
Melodie: Eduard Ebel

Schnee - flöck-chen, Weiß - röck - chen, da kommst du ge - schneit; du

D A A⁷ D

kommst aus den Wol - ken, dein Weg ist so weit.

D G D A⁷ D

2. Komm, setz dich ans Fenster, du lieblicher Stern;
   malst Blumen und Blätter, wir haben dich gern.

3. Schneeflöckchen, du deckst uns die Blümelein zu;
   dann schlafen sie sicher in himmlischer Ruh.

Morgen kommt der Weihnachtsmann

Text: Heinrich Hoffmann von Fallersleben
Volksweise

2. Bring uns, lieber Weihnachtsmann,
bring auch morgen, bringe
eine schöne Eisenbahn,
Bauernhof mit Huhn und Hahn,
einen Pfefferkuchenmann,
lauter schöne Dinge!

3. Doch du weißt ja unsern Wunsch,
kennst ja unsre Herzen.
Kinder, Vater und Mama,
auch sogar der Großpapa,
alle, alle sind wir da,
warten dein mit Schmerzen.

Ihr Kinderlein, kommet

Text: Christoph v. Schmid
Melodie: Johann Abraham Peter Schulz

2. O seht in der Krippe im nächtlichen Stall,
   seht hier bei des Lichtleins hellglänzendem Strahl
   in reinlichen Windeln das himmlische Kind,
   viel schöner und holder, als Engel es sind!

3. Da liegt es, das Kindlein, auf Heu und auf Stroh;
   Maria und Joseph betrachten es froh.
   Die redlichen Hirten knien betend davor,
   hoch oben schwebt jubelnd der Engelein Chor.

Joy To The World

Text: Isaac Watts
Melodie: Georg Friedrich Händel

O Jubel, o Freud

aus der Steiermark (um 1740)

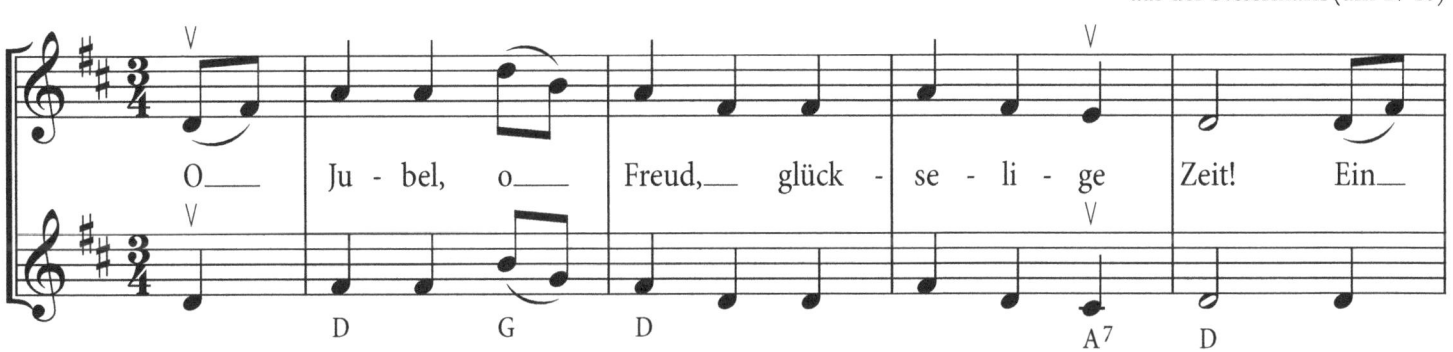

O — Ju - bel, o — Freud, — glück - se - li - ge Zeit! Ein —

D G D A⁷ D

Kind - lein ge - bo - ren, aus — tau - send er - ko - ren. O —

D A D A D

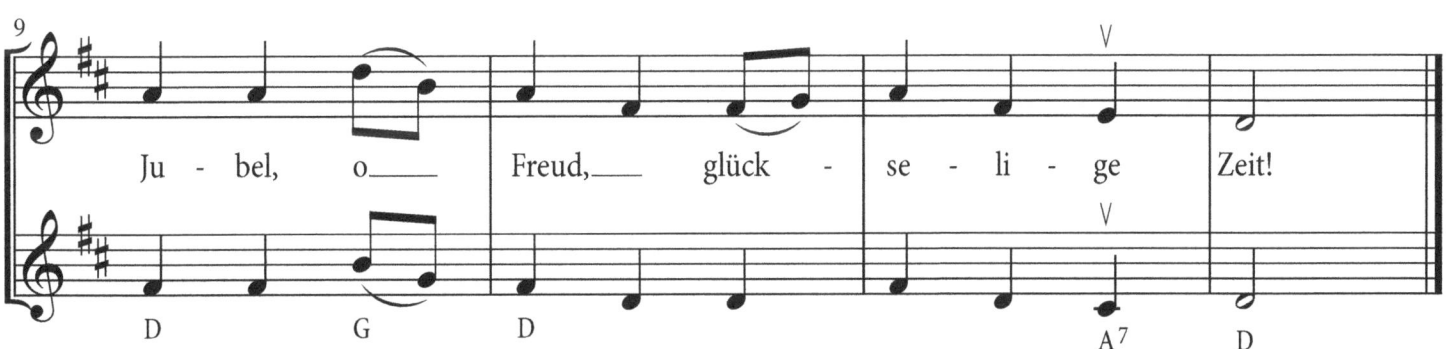

Ju - bel, o — Freud, — glück - se - li - ge Zeit!

D G D A⁷ D

2. Ihr Hirten, wohlauf,
   nach Bethlehem lauft!
   Die Pfeifen lasst hören,
   die Freud zu vermehren,
   und blast nur brav drein,
   das Kindl wird's freun!

3. Ist das nicht ein Spott,
   der so große Gott,
   der uns hat erschaffen,
   beim Vieh tut er schlafen.
   Ist Mensch und auch Gott,
   ist das nicht ein Spott.

O du fröhliche

Text: Johannes David Falk
Sizilianische Volksweise

2. O du fröhliche, o du selige,
gnadenbringende Weihnachtszeit!
Christ ist erschienen, uns zu versühnen:
Freue, freue dich, o Christenheit!

3. O du fröhliche, o du selige,
gnadenbringende Weihnachtszeit!
Himmlische Heere jauchzen dir Ehre:
Freue, freue dich, o Christenheit!

Süßer die Glocken nie klingen

Text: Wilhelm Kritzinger
Volksweise

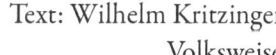

Sü - ßer die Glo-cken nie klin - gen als zu der Weih - nachts - zeit._____

D   A   A⁷   D

S'ist als ob En - ge-lein sin - gen wie - der von Frie-den und Freud,_____

D   D⁷   G   D   A⁷   D

wie sie ge-sun-gen in se - li-ger Nacht, wie sie ge-sun-gen in se - li-ger Nacht.

A   D   A   D   A   D   A   D

Glo-cken mit hei - li - gem Klang,_____ klin - get die Er - de ent - lang!_____

D   D⁷   G   D   A⁷   D

2. O, wenn die Glocken erklingen, schnell sie das Christkindlein hört,
tut sich vom Himmel dann schwingen, eilet hernieder zur Erd,
segnet den Vater, die Mutter, das Kind, segnet den Vater, die Mutter, das Kind.
Glocken mit heiligem Klang, klinget die Erde entlang!

The First Noel

aus England

Adeste, fideles

Text: John Francis Wade
Melodie: John Reading

Es kam die gnadenvolle Nacht

Text: Johann Kaspar Lavater
Volksweise

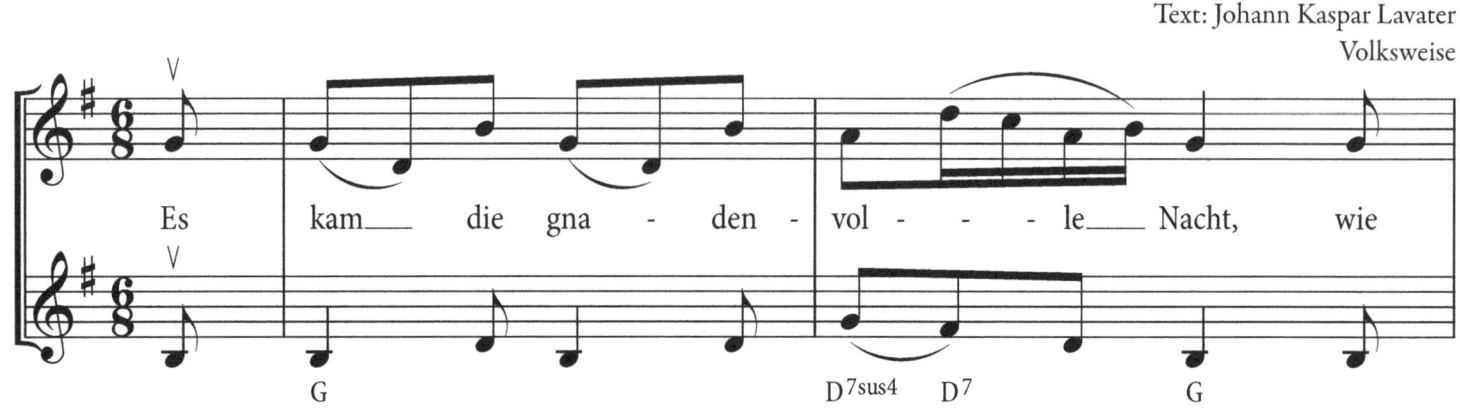

Es kam die gna-den-vol - - - le Nacht, wie

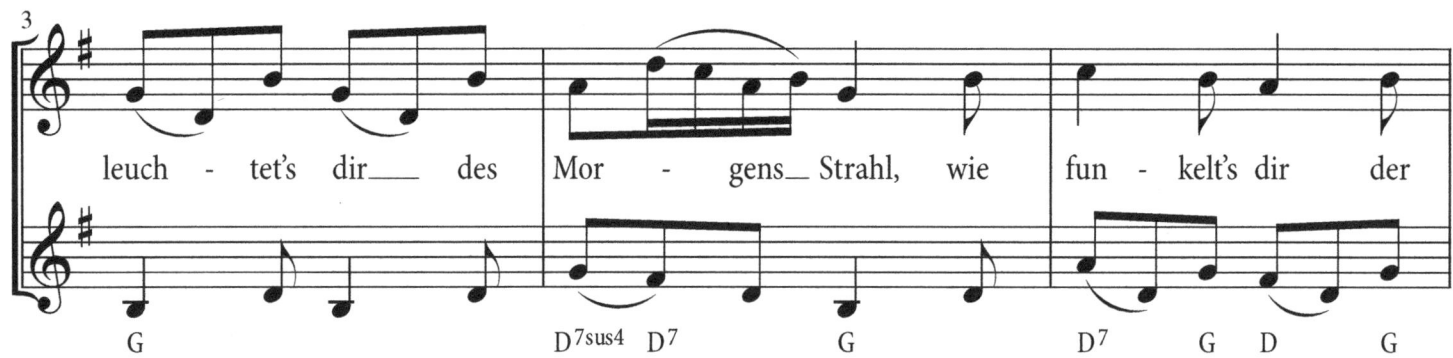

leuch - tet's dir des Mor - gens Strahl, wie fun - kelt's dir der

Ster - ne Schar, da Je - sus Christ ge - bo - - ren war!

2. Es kam die gnadenvolle Nacht,
   wie leuchtet's dir die goldne Pracht,
   wie schallet's dir der Glocken Schall,
   da Jesus Christ geboren war!

3. Es kam die gnadenvolle Nacht,
   die uns den hellsten Tag gebracht.
   Wie freute sich der Engel Schar,
   da Jesus Christ geboren war!

4. Froh jubelte der Engel Heer:
   „Gott im Himmel, Gott sei Ehr!"
   Und Friede, Freud und Seligkeit
   herrscht auf Erden weit und breit.

Es wird scho glei dumpa

aus Tirol

Was soll das bedeuten

aus Schlesien

2. Treibt z'sammen, treibt z'sammen, die Schäflein fürbass,
   treibt z'sammen, treibt z'sammen, dort zeiget sich was:
   Dort in dem Stall, dort in dem Stall
   werd't Wunderding' sehen, treibt z'sammen einmal.

3. Ich hab nur ein wenig von Weitem geguckt,
   da hat mir mein Herz schon vor Freuden gehupft:
   Ein schönes Kind, ein schönes Kind
   liegt dort in der Krippe bei Esel und Rind.

We Wish You A Merry Christmas

aus England

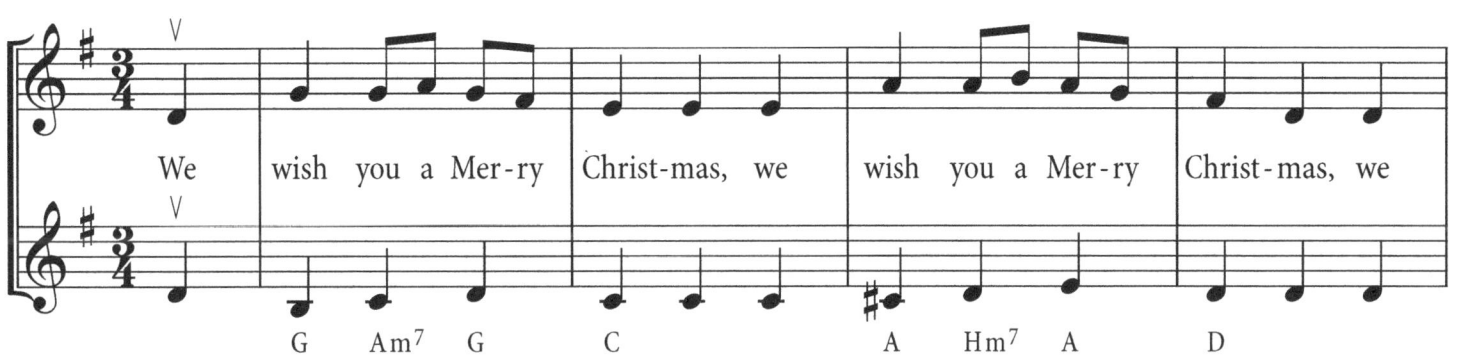

We wish you a Mer-ry Christ-mas, we wish you a Mer-ry Christ-mas, we

G Am⁷ G C A Hm⁷ A D

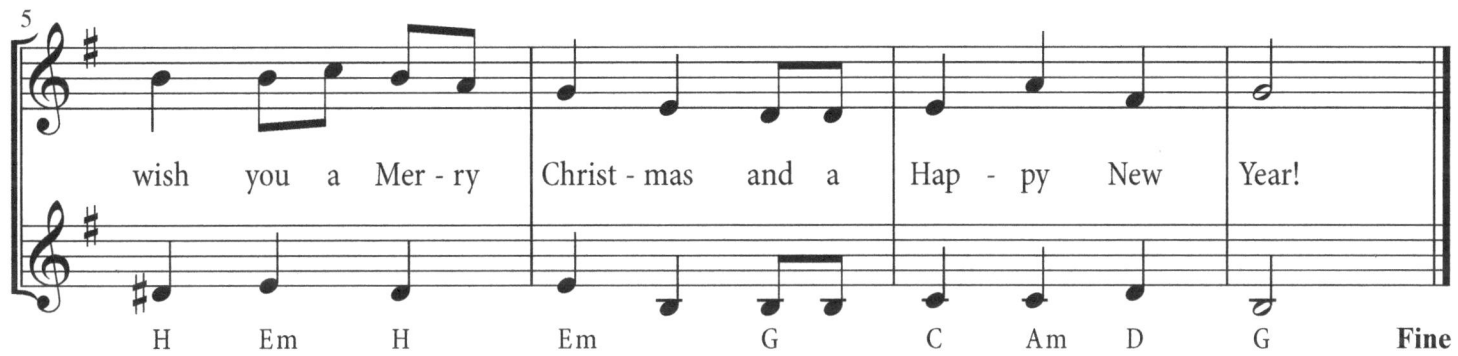

wish you a Mer-ry Christ-mas and a Hap-py New Year!

H Em H Em G C Am D G **Fine**

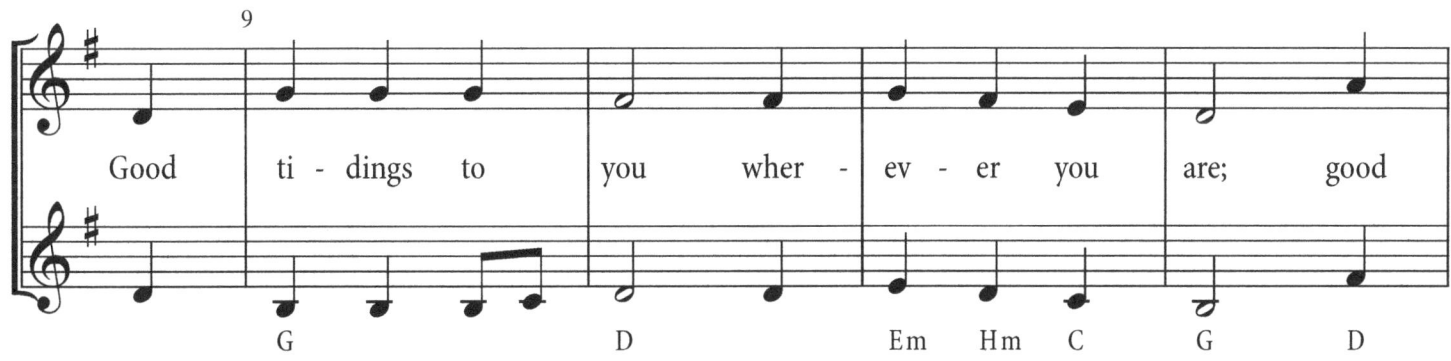

Good ti-dings to you wher-ev-er you are; good

G D Em Hm C G D

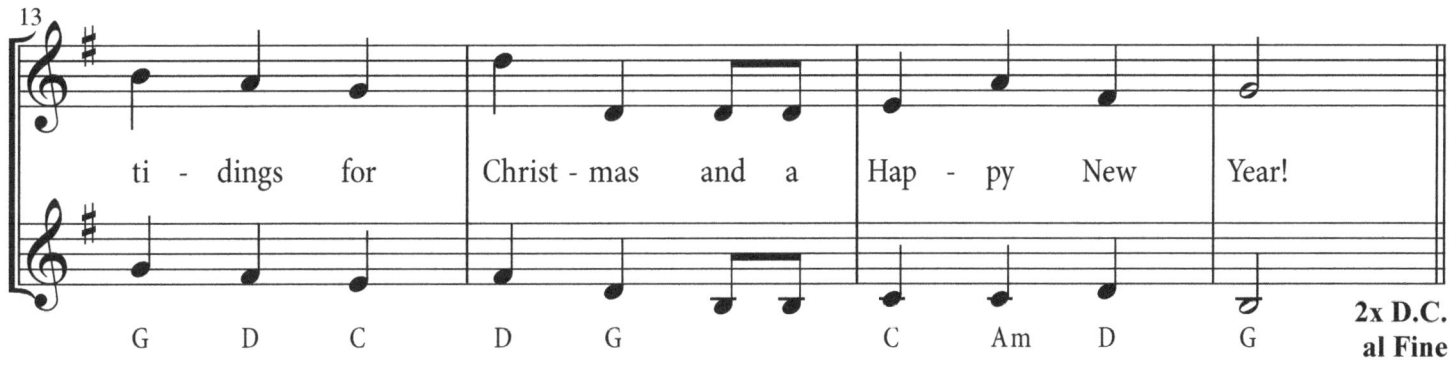

ti-dings for Christ-mas and a Hap-py New Year!

G D C D G C Am D G **2x D.C. al Fine**

Entre le bœuf et l'âne gris

aus Frankreich

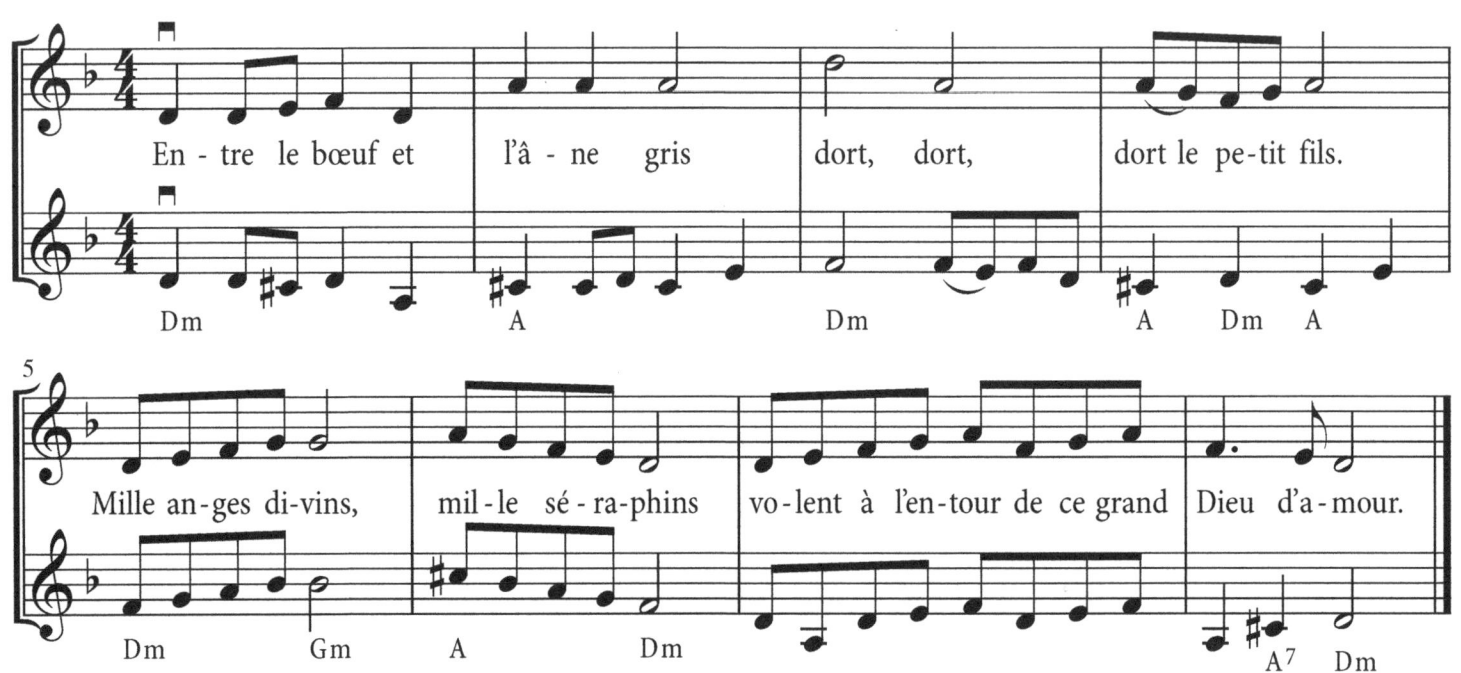

En - tre le bœuf et l'â - ne gris dort, dort, dort le pe-tit fils.
Mille an-ges di-vins, mil-le sé-ra-phins vo-lent à l'en-tour de ce grand Dieu d'a-mour.

2. Entre les deux bras de Marie dort, dort, dort le fruit de vie.
   Mille anges divins, mille séraphins volent à l'entour de ce grand Dieu d'amour.

Leise rieselt der Schnee

Text und Melodie:
Eduard Ebel

Lei - se rie-selt der Schnee,___ still und starr ruht der See.___
Weih-nacht-lich glän-zet der Wald.___ Freu - e dich, Christ-kind kommt bald!___

2. In dem Herzen ist's warm, still schweigt Kummer und Harm;
   Sorge des Lebens verhallt: Freue dich, Christkind kommt bald!

Still, still, still, weil's Kindlein schlafen will

aus Salzburg 1865

Still, still, still, weil's Kind-lein schla-fen will. Ma-

D   A   Hm   G   A⁷   D

ri - a tut's zur Ru - he brin - gen, tut ihm Schlum-mer -

A   D   A

lie - der sin - gen, still, still, still, weil's Kind-lein schla-fen will.

D   A   Hm   G   A⁷   D

2. Schlaf, schlaf, schlaf, mein liebes Kindlein, schlaf!
   Die Engel tun schön musizieren,
   bei dem Kindlein jubilieren.
   Schlaf, schlaf, schlaf, mein liebes Kindlein, schlaf!

3. Groß, groß, groß, die Lieb ist übergroß!
   Gott hat den Himmelsthron verlassen
   und muss reisen auf der Straßen.
   Groß, groß, groß, die Lieb' ist übergroß!

Tochter Zion

Text: Friedrich Heinrich Ranke
Melodie: Georg Friedrich Händel

2. Hosianna, Davids Sohn,
sei gesegnet deinem Volk!
Gründe nun dein ew'ges Reich,
Hosianna in der Höh!
Hosianna, Davids Sohn,
sei gesegnet deinem Volk!

3. Hosianna, Davids Sohn,
sei gegrüßet, König mild!
Ewig steht dein Friedensthron,
du, des ew'gen Vaters Kind.
Hosianna, Davids Sohn,
sei gegrüßet, König mild!

Away In A Manger

aus England

2. The cattle are lowing, the baby awakes,
   but little Lord Jesus, no crying He makes.
   I love Thee, Lord Jesus, look down from the sky
   and stay by my side until morning is nigh.

3. Be near me, Lord Jesus, I ask Thee to stay
   close by me forever, and love me, I pray.
   Bless all the dear children in Thy tender care,
   and fit us for Heaven to live with Thee there.

Rudolph, The Red-Nosed Reindeer

Text und Melodie:
Johnny Marks

Ru-dolph, the red - nosed rein - deer, had a ve - ry shi - ny nose
All of the oth - er rein - deer used to laugh and call him names,

D   G D   A7

and if you ev - er saw it, you would ev - en say it glows.
they nev - er let poor Ru - dolph

A7   D

join in a - ny rein-deer games. Then one fog - gy Christ-mas Eve,— San - ta came to

A7   D   G   D   Em   A7

say: "Ru - dolph, with your nose so bright, won't you guide my sleigh to-night?"—

D   A   A#°   Hm E7   A7

19

Then how the rein - deer loved him as they shout-ed out with glee:

D   G   D   A⁷

23

"Ru - dolph, the red - nosed rein - deer, you'll go down in his - to - ry!"

A⁷   D

O Tannenbaum, wie grün sind deine Blätter

Text: Ernst Anschütz
Melodie: 18. Jahrhundert

O Tan - nen-baum, o Tan-nen-baum, wie grün sind dei - ne Blät - ter! Du

G   D   G   Am E Am D   D⁷ G

5

grünst nicht nur zur Som-mer-zeit, nein, auch im Win - ter, wenn es schneit. O

G   C   G   D⁷   G   D⁷

9

Tan - nen-baum, o Tan-nen-baum, wie grün sind dei - ne Blät - ter!

G   D   G   Am E Am D   D⁷ G

Fröhliche Weihnacht überall

Volksweise

Il est né le divin enfant

aus Frankreich

2. Ah ! Qu'il est beau, qu'il est charmant !
   Ah ! que ses grâces sont parfaites !
   Ah ! Qu'il est beau, qu'il est charmant !
   Qu'il est doux ce divin enfant !

3. Une étable est son logement
   un peu de paille est sa couchette.
   Une étable est son logement
   pour un dieu quel abaissement !

Jingle Bells

Text und Melodie:
James Pierpont

Jing - le bells! Jing - le bells! Jing - le all the way!

G   C   Cm   G

Oh, what fun it is to ride in a one - horse o - pen sleigh! Hey!

C   D⁷   G   A⁷   D⁷

Jing - le bells! Jing - le bells! Jing - le all the way!

G   C   Cm   G

Oh, what fun it is to ride in a one - horse o - pen sleigh!

C   D⁷   G   D⁷   G

Fine

D.C. al Fine

2. A day or two ago
   I thought I'd take a ride,
   and soon Miss Fannie Bright
   was seated by my side.
   The horse was lean and lank,
   misfortune seemed his lot,
   he got into a drifted bank
   and we, we got upsot.

3. A day or two ago,
   the story I must tell,
   I went out on the snow,
   and on my back I fell.
   A gent was riding by
   in a one-horse open sleigh,
   he laughed as there I sprawling lie,
   but quickly drove away.

Les anges dans nos campagnes

aus Frankreich

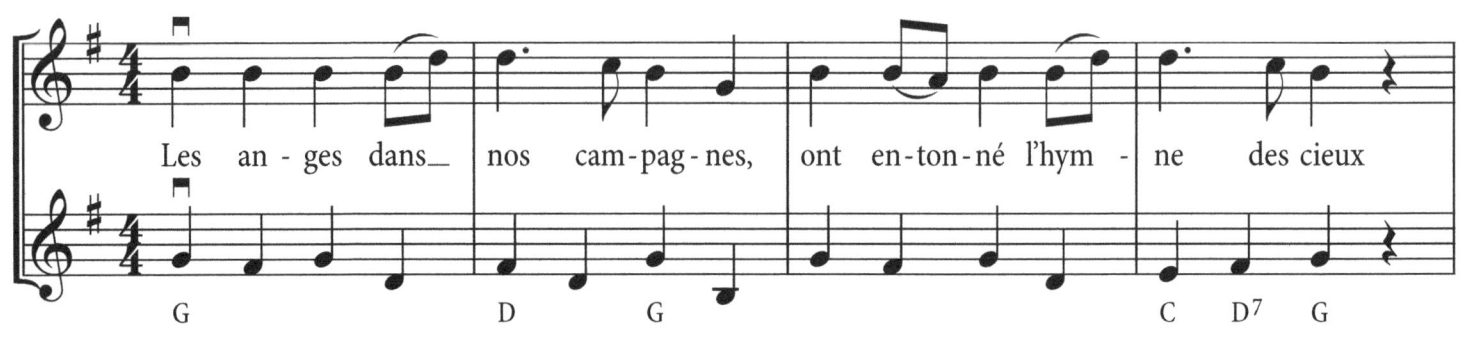

Les an-ges dans_ nos cam-pag-nes, ont en-ton-né l'hym — ne des cieux

G   D   G   C   D⁷   G

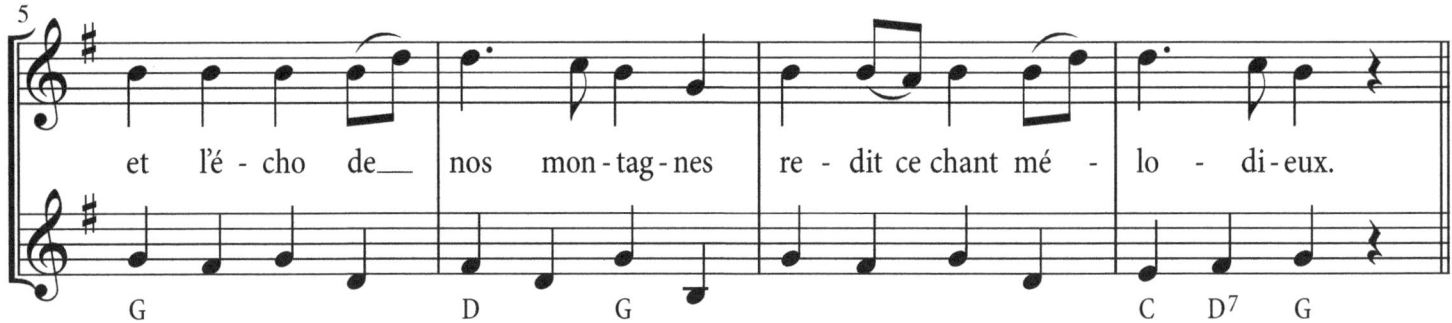

et l'é-cho de_ nos mon-tag-nes re - dit ce chant mé - lo - di-eux.

G   D   G   C   D⁷   G

Glo — — — — — — ri - a

G   Em   Am   D   G   Em   D   A⁷   D

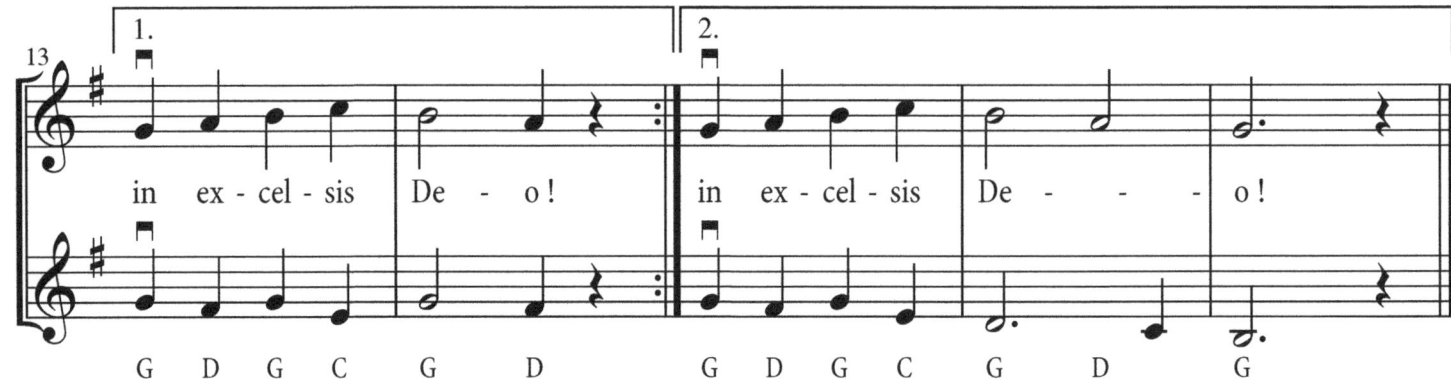

1. in ex - cel - sis De — o!
2. in ex - cel - sis De — — o!

G   D   G   C   G   D   G   D   G   C   G   D   G

2. Bergers, pour qui cette fête ?
Quel est l'objet de tous ces chants ?
Quel vainqueur, quelle conquête
mérite ces cris triomphants ?
Gloria in excelsis Deo !

3. Ils annoncent la naissance
du libérateur d'Israël;
et pleins de reconnaissance
chantent en ce jour solemnel.
Gloria in excelsis Deo !

Feliz Navidad

Text und Melodie:
José Feliciano

Schlaf, Jesulein zart

aus Oberösterreich

Schlaf, Je - su - lein zart, das Bett - lein ist hart, das

G

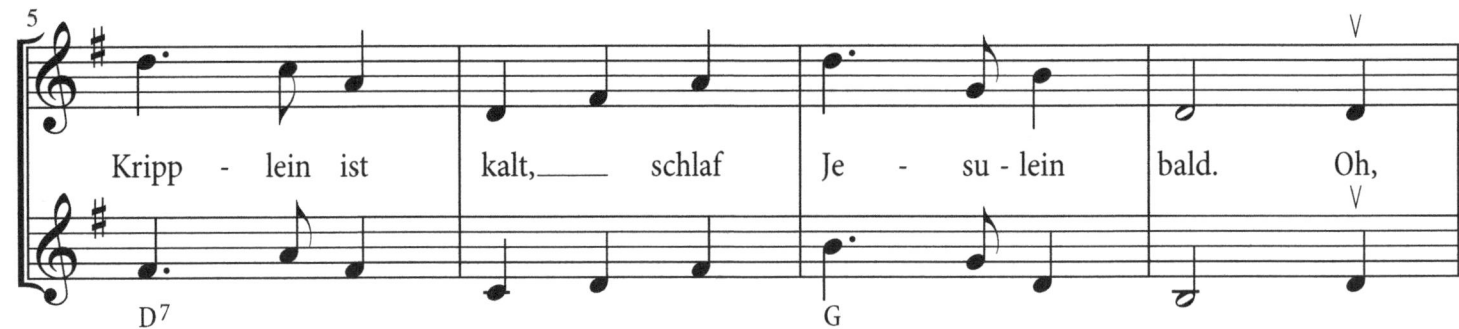

Kripp - lein ist kalt, schlaf Je - su - lein bald. Oh,

D⁷   G

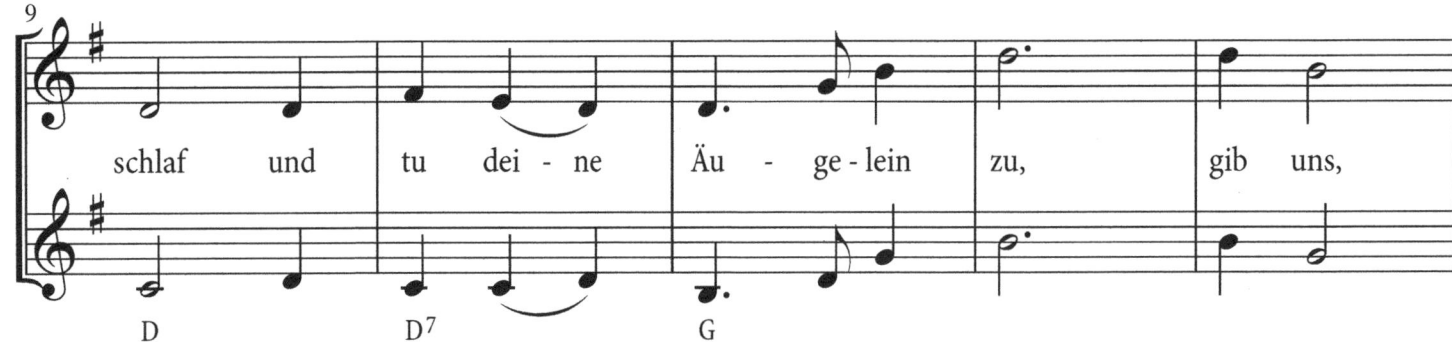

schlaf und tu dei - ne Äu - ge - lein zu, gib uns,

D   D⁷   G

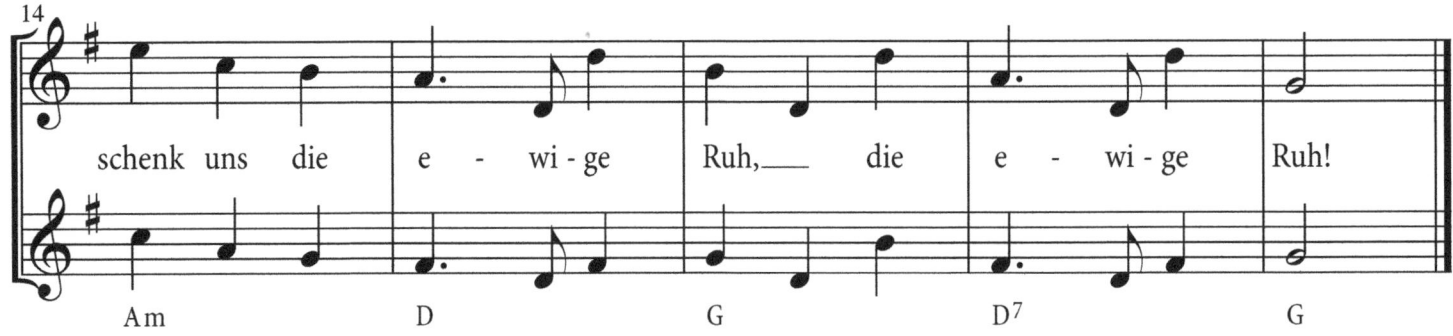

schenk uns die e - wi - ge Ruh, die e - wi - ge Ruh!

Am   D   G   D⁷   G

2. O Jesu, mein Kind, kalt wehet der Wind,
   es fallet der Schnee, tut Jesu dir weh.
   Oh, schlaf und tu deine Äugelein zu,
   gib uns, schenk uns die ewige Ruh, die ewige Ruh!

3. Ihr Engelein all, ihr Hirten zumal,
   o laufet geschwind und wärmet das Kind.
   Oh, schlaf und tu deine Äugelein zu,
   gib uns, schenk uns die ewige Ruh, die ewige Ruh!

Kling, Glöckchen, klingelingeling

Text: Karl Enslin
Melodie: Benedikt Widmann

2. Kling, Glöckchen, klingelingeling, kling, Glöckchen, kling!
Mädchen hört und Bübchen, macht mir auf das Stübchen,
bring euch viele Gaben, sollt euch dran erlaben!
Kling, Glöckchen, klingelingeling, kling, Glöckchen, kling!

Tu scendi dalle stelle

aus Italien

Kommet, ihr Hirten

Text: Carl Riedel
Melodie: aus Böhmen

Kom - met,__ ihr__ Hir - ten,__ ihr__ Män - ner__ und__ Fraun, kom - met,__ das__ lieb - li - che__ Kind - lein__ zu__ schaun. Chris - tus, der Herr, ist heu - te ge - bo - ren, den Gott zum Hei - land euch hat er - ko - ren. Fürch - tet__ euch__ nicht!

2. Lasset uns sehen in Bethlehems Stall,
   was uns verheißen der himmlische Schall.
   Was wir dort finden, lasset uns künden,
   lasset uns preisen in frommen Weisen:
   Halleluja!

3. Wahrlich, die Engel verkündigen heut
   Bethlehems Hirtenvolk gar große Freud.
   Nun soll es werden Friede auf Erden,
   den Menschen allen ein Wohlgefallen:
   Ehre sei Gott!

Stille Nacht, heilige Nacht

Text: Joseph Mohr
Melodie: Franz Gruber

Stil - le Nacht, hei - li-ge Nacht! Al - les schläft, ein - sam wacht

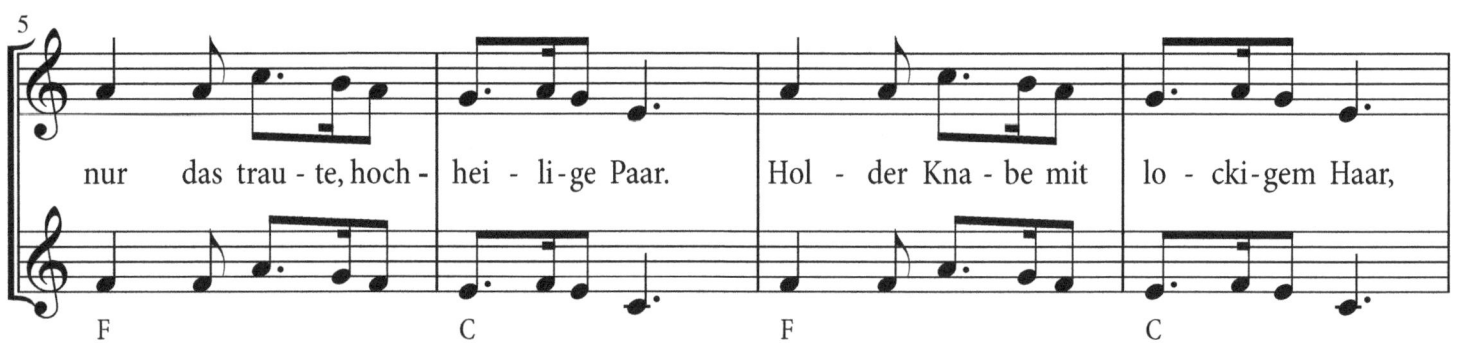

nur das trau - te, hoch - hei - li-ge Paar. Hol - der Kna - be mit lo - cki-gem Haar,

schlaf in himm - li-scher Ruh,_____ schlaf__ in himm - li-scher Ruh!_____

2. Stille Nacht, heilige Nacht!
   Gottes Sohn, o wie lacht
   Lieb aus deinem göttlichen Mund,
   da uns schlägt die rettende Stund,
   Christ, in deiner Geburt,
   Christ, in deiner Geburt.

3. Stille Nacht, heilige Nacht!
   Hirten erst kundgemacht.
   Durch der Engel Halleluja
   tönt es laut von fern und nah:
   Christ der Retter ist da,
   Christ der Retter ist da!